अनकही कही

डॉ उर्वशी वर्मा

BlueRose ONE.com
Stories Matter
NewDelhi • London

BLUEROSE PUBLISHERS
India | U.K.

Copyright © Dr Urvashi Verma 2025

All rights reserved by author. No part of this publication may be reproduced, stored in a retrieval system or transmitted in any form or by any means, electronic, mechanical, photocopying, recording or otherwise, without the prior permission of the author. Although every precaution has been taken to verify the accuracy of the information contained herein, the publisher assume no responsibility for any errors or omissions. No liability is assumed for damages that may result from the use of information contained within.

BlueRose Publishers takes no responsibility for any damages, losses, or liabilities that may arise from the use or misuse of the information, products, or services provided in this publication.

For permissions requests or inquiries regarding this publication, please contact:

BLUEROSE PUBLISHERS
www.BlueRoseONE.com
info@bluerosepublishers.com
+91 8882 898 898
+4407342408967

ISBN: 978-93-5819-256-8

Cover design: Tahira
Typesetting: Tanya Raj Upadhyay

First Edition: January 2025

समर्पण

मैं अपने इस कार्य को अपने पाठकों को समर्पित करती हूँ, जिसमें मैंने जीवनभर की भावनाओं को सुंदर, खुशहाल और कभी-कभी उदास शब्दों में व्यक्त किया है। यह सच है कि कविता एक सुंदर कला है, जिसमें आप अपने दिल, आत्मा और मन के समन्वय से अपनी भावनाओं को शब्दों के माध्यम से अभिव्यक्त करते हैं।

यह एक ऐसा माध्यम है, जिसके द्वारा आप अपने आस-पास घूम रही कहानी की वास्तविक भावनाओं को व्यक्त कर सकते हैं और स्थिति को लयबद्ध रूप में या बिना किसी लय के प्रस्तुत कर सकते हैं। मेरी कविता लिखने की यात्रा बहुत कम उम्र में शुरू हुई। मैं अपने आस-पास की चीजों की प्रशंसा करती थी। मुझे कई चीजों ने प्रेरित किया। मेरी पहली प्रेरणा सड़क किनारे का वह लैम्पपोस्ट था, जो हमेशा अकेला खड़ा रहता था।

महिलाओं का परिवार में पुरुष सदस्यों के प्रभुत्व के तहत संघर्ष मुझे बहुत विचलित कर देता था। इसी कारणवश महिलाओं पर होने वाले अत्याचार, शोषण और कई प्रतिकूल घटनाओं ने मेरे अवचेतन मन में दुःख और क्रोध भर दिया।

इन घटनाओं ने मेरे मन पर कई दुखद भावनाओं की छाप छोड़ी, लेकिन मैंने कभी उन्हें किसी भी रूप में व्यक्त नहीं किया।

जैसे-जैसे आप बड़े होते हैं, आपका दृष्टिकोण बदलता है और आप कल्पनाओं के सागर में तैरने लगते हैं। हर एक चीज, चाहे वह फूल हो, बादल, पहाड़, बारिश, नदी या पक्षी, अचानक सुंदर लगने लगते हैं और आपको आकर्षित करते हैं। इन सभी भावनाओं को मैंने अपनी कविताओं में व्यक्त किया है।

कृतज्ञता

मैं उन सभी का हृदय से आभार व्यक्त करती हूँ जो इस यात्रा का महत्वपूर्ण हिस्सा रहे हैं। उन्होंने मेरी कहानियों और किस्सों को सुना, मुझे प्रोत्साहित किया, और मेरे काम को प्रकाशित करने की प्रेरणा दी।

मैं उन सभी का धन्यवाद करती हूँ जिनसे मुझे अपने शब्द साझा करने पर उनके विचार, टिप्पणियाँ और सुझाव मिले। खासतौर पर मैं अपने प्रिय जीवन साथी और प्रिय बेटी का आभार व्यक्त करती हूँ, जिन्होंने मेरे काम की इस यात्रा में मुझे अपार प्रेम, देखभाल और समर्थन दिया।

सबसे महत्वपूर्ण, मैं उन सभी लेखकों और कवियों के प्रति अपनी कृतज्ञता व्यक्त करती हूँ, जिनकी रचनाएँ मैंने बचपन में अपने स्कूल की पाठ्यपुस्तकों में पढ़ी। उन्होंने मुझ पर गहरा प्रभाव छोड़ा और मुझे हर शब्द और अपने आसपास की चीज़ों के महत्व को समझने की प्रेरणा दी।

मैं ब्लू रोज़ पब्लिशिंग टीम का भी विशेष रूप से धन्यवाद करती हूँ, जिन्होंने लेखकों को एक मंच प्रदान किया और उन्हें प्रोत्साहित किया।

प्रस्तावना

मेरी कविता संग्रह के लिए सबसे अच्छा परिचय मेरी लेखनी में ही समाहित है। मुझे कदापि इसका आभास नहीं था कविता लिखना मन और आत्मा को समझने और व्यक्त करने की एक कला है, जो जीवन के कई चरणों और भावनाओं से गुजरती है। वे भावनाएँ, जिनका स्वाद अक्सर कड़वा होता है, लेकिन कभी-कभी थोड़े समय के लिए मीठा और सुखद भी।

हम सभी के दिल में कई कहानियाँ समाई होती हैं। आप उन्हें जानबूझकर या अनजाने में संजोते रहते हैं, लेकिन वे आपके दिमाग के अलग-अलग खंडों में सीमित रहती हैं। जब आप किसी स्थिति, फिल्म, नाटक या किसी अन्य घटना से उन्हें जोड़ते हैं, तो वे शब्दों के माध्यम से व्यक्त हो जाती हैं।

इन भावनाओं की अभिव्यक्ति कभी-कभी लयात्मक हो सकती है और कभी सीधे कहानी के रूप में। इनमें से कुछ तो मजेदार किस्से भी होते हैं। जैसे मुझे याद है, एक बार मैं पहाड़ों की यात्रा पर थी। वहां मेरा चश्मा टूट गया और मैं इतनी असहाय हो गई। मैं काफी देर तक उदास और परेशान बैठी रही क्योंकि मैं कुछ देख या कर नहीं पा रही थी। फिर मुझे एहसास हुआ कि इन सभी भावनाओं को यात्रा डायरी में लिख सकती हूँ और बाद में इसे सुधार सकती हूँ।

यही एहसास मेरे लेखन का आधार है, जिसमें हर अनुभव को एक नई दृष्टि से देखना और उसे शब्दों में ढालना शामिल है।

अनुक्रमणिका

लैंप पोस्ट 3

गगन के पार 5

इन्द्रधनुष 7

सुबह का चाँद 9

दीदार 11

प्रकृति 13

खिड़की पर सिमटी शाम 15

मेरा आखिरी गीत 17

उड़ान 19

तुम्हारे संग 21

भोली सी मुस्कान 23

तुम्हारी छतरी 25

शब्दों का अभाव 27

फीकी हँसी 29

कुछ तुमने लिखा 31

तेरा आँगन 33

कुदरत का एक करिश्मा 35

ऐ चाँद 37

मोहब्बत 39

मेरा आसमान 41

इंतज़ार 45

फागुन	47
बैठो मेरे पास	49
ज़िंदगी	51
ज़िंदगी से मुलाकात	53
ज़िंदगी बहती रही	55
ऐ ज़िंदगी बोल तू	57
ज़िंदगी – ठहर ज़रा	59
हैरत-ए-ज़िंदगी	61
ज़िंदगी – मोहब्बत	65
सूरज तुम थकते नहीं	67
नज़र का धोखा	69
नंगे पाँव	71
हरे रंग का गेट	73
गफलत में हूँ	75
दर्द के संग जीना	77
रिश्तों का मायाजाल	79
नापतौल	81
सुनसान सड़क	83
खिड़कियाँ	85
ना तुमसे जुदा	87
अँधेरे का सुकून	89
तेरा खयाल	91
ज़िंदगी से एक और मुलाकात	93
खिड़की के कोने पर	95

बिखरी मेरी कहानी	97
ये मौसम	99
बहार फिर से आए	101
रात सरक रही	103
सपने बड़े-बड़े	105
बादलों के पार	107
गुफ़्तगू	109
ये दिल	111
दो बातें दिल की	113
दो दिवाने	115
कुछ मैंने छोड़ दिया	117
ताका-झाँकी	119
मेरी डायरी के पन्ने	121
इश्क़ बेवजह	123
बादल	125
छोटी-छोटी चीजें	129
दोस्ती	133
पुराने ज़ख्म	135
बेजान इमारतें	137
अकेलापन	139
घबराहट	141
डर	143
वो कल फिर आयेगा	145
ख़ामोश नम आँखें	147

रात	149
मौसम के बदलाव	153
कविता के रंग	155
तेरा ज़िक्र	157
एक याद	159
महकती शामें	161
बादलों के पार	163
कसाई	165
शान्त सूरज	167
ख़ुदगर्ज़ दिल	169
बीते पल	171

लैंप पोस्ठ

लैम्प पोस्ट खड़ा है उदास
कभी बिछुड़े लोग कभी मिले
उसकी रोशनी तले
वो फिर भी खड़ा है उदास
कोई क्यूं नहीं आता इसके पास
शायद इसीलिए खड़ा है उदास

वर्षों का समय जब चन्द
घण्टों में सिमट जाये....
बरस हुए पचास
वो लैम्प पोस्ट
आज भी वहीं
खड़ा है उदास
कभी बिछुड़े कभी मिले,
उसकी रौशनी तले,

ये तब भी था उदास
और आज भी खड़ा है उदास
कोई क्यूं नहीं आता इसके पास
शायद इसीलिये खड़ा है उदास

बारिश में रो रहा
धूप में जल रहा
हाँ मुझे है एहसास
इसीलिये तो आज
खड़ी हूँ तेरे पास
ऐ लैम्प पोस्ट ! अब न हो उदास ॥

गगन के पार

चलो गगन के उस दूर छोर से,
हम तुम पुकारा करें.
तुम पहरों बैठे रहो,
मैं यूहीं निहारूं तुम्हें,
ये टिमटिमाती रोशनियाँ,
हज़ारों जुगनु भी संग गुनगुना रहे,
बल खाई घटा की तरह,
मेरे कांधे पर सर झुका रहे,
वक्त यहीं थम जाए,
और हम खोए रहें नजारों में ॥

मैं इंद्रधनुष कविता के लिए दिए चित्र का श्रेय एवम् आभार अपनी बेटी को व्यक्त करती हूँ।

इन्द्रधनुष

सुनहरे रंगों ने आकर
फिर से डेरा बसा लिया
इंद्रधनुष ने शम्मा रोशन कर
फ़िर लिखी जा रही ग़ज़ल का
पैग़ाम ला दिया
मैं देख नहीं पा रही
एक भी दीवाना इस हुस्न ओ शबाब का
हमहीं ने ख़ुद को
क्या से क्या बना दिया ॥

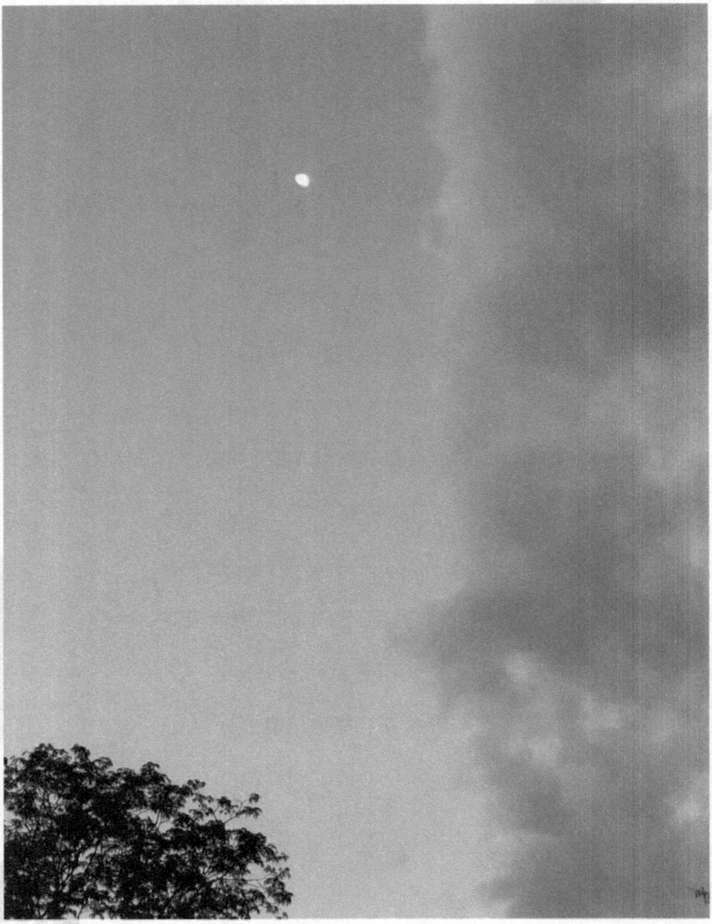

सुबह का चाँद

बन्द दरवाज़ों के अन्दर रहते हुए चांद
अब दिन के उजाले में मिला
क़ैद करती थी पूरे चांद को
अपनी आंखों में कभी
आज सिर्फ़ दीदार हुआ
गुफ़्तगू को कोई लम्हा न मिला ॥

दीदार

तेरा दीदार मेरी इबादत बन गया
तेरे मीठे बोल पिरो लिए ग़ज़ल में
और साज़ बन गया
ना डाले नज़र तुझ पर कोई
छुपा लूँ पलकों में
अबकी मिले तो ना बिछड़ेंगे
मैंने ये वादा कर लिया ॥

प्रकृति

ग़र भर सकूँ
उन लम्हों को दोबारा
अपनी मुट्ठी में
तो रोक लेती
हवाओं के रुख़ को
भर देती रंग सारे
सजा लेती आज लिखी
इस कविता को ।।

खिड़की पर सिमटी शाम

शामें तो आज भी वही हैं
पर हमसे बिछड़ गयीं
मैं बन्द कमरों में बैठी हूँ
और वो खिड़की के पल्लों पर
सिमट कर रह गई ।।

मेरा आखिरी गीत

शायद ये मेरा आख़िरी गीत हो तुम्हारे लिये-
गीत तो बहुत लिखे जायेंगे
कुछ मिटा भी दिये जायेंगे पर जो लिखे होंगे
उनमें 'शायद' अब तुम्हारा ज़िक्र न हो
शाम के धुंधलके बढ़ते जा रहे
तुम्हारी हंसी आज भी वैसी है
पर मेरी मुस्कुराहट फीकी होती जा रही
शाम और उदासी दोनों का जाने
क्यों गहरा इतना रिश्ता है
क्या सभी का या सिर्फ़ मेरा ऐसा सोचना है ॥

उड़ान

कहने को ये गाड़ी चल रही,
पर मैं तो बिन पंख उड़ रही,
उड़ान और ऊँची कर दो,
मुझमें और जीने की,
चाह भर रही ॥

तुम्हारे संग

लो एक बार फिर आ रही हूँ
यूँ ही नंगे पाँव
संग तुम्हारे दौड़ती बस
तुम मुस्कुरा देना ॥

भोली सी मुस्कान

भोली सी मुस्कान
छोड़ रहे जाते हुए
फिर से खींच रहे मुझे
इन्हीं रास्तों पर ॥

तुम्हारी छतरी

ओह, मैंने आज
आने में देर कर दी
अब और न डालो
ये चंचल मुस्कान
मैं भी छतरी का कोना खींच लूँगी
और यूँ ही नंगे पांव चलूँगी
संग तुम्हारे...।।

शब्दों का अभाव

अरे, ये क्या हुआ मुझे,
कुछ सूझता नहीं
शब्द नहीं मिल रहे
सिर्फ़ चार लाइनों के
कहाँ तो कसीदे पढ़ने
बैठती थी मैं
क्या हुआ जो शब्द नहीं,
तुम्हारी मुस्कान और
मेरी आँखें
सब बयाँ करती हैं ॥

फीकी हँसी

आज कुछ भी
लिखने का जी
नहीं मेरा,
देखती हूँ मुस्कान तेरी
बिछड़न है भरी हुई
फीकी सी हँसी
मैंने भी ओढ़ ली ॥

अच्छा है जो जा रहे हो
मुस्कुराते हुए भीगते हुए
लगा मुझे कि तुम
कुछ गुनगुना रहे हो
शायद ये वही गीत हो
जो तुमने लिखा मेरे लिये
पर जाते हुए
इतना तो बता दो
ये जो हाथ में तख़्ती है
क्या फिर कुछ लिखा
जो छुपा रहे हो
उर्वशी आभा
APRIL 21st, 2020
@ BIR

कुछ तुमने लिखा

अच्छा है जो जा रहे हो
मुस्कुराते हुए भीगते हुए
लगा मुझे तुम
कुछ गुनगुना रहे हो
शायद ये वही गीत हो
जो तुमने लिखा मेरे लिए
पर जाते हुए
इतना तो बता दो
ये जो हाथ में तख्ती है
क्या फिर कुछ लिखा
जो छुपा रहे हो ॥

#WATERCOLOR_ARTBYURVASHI
URVASHI
MAR 26.19

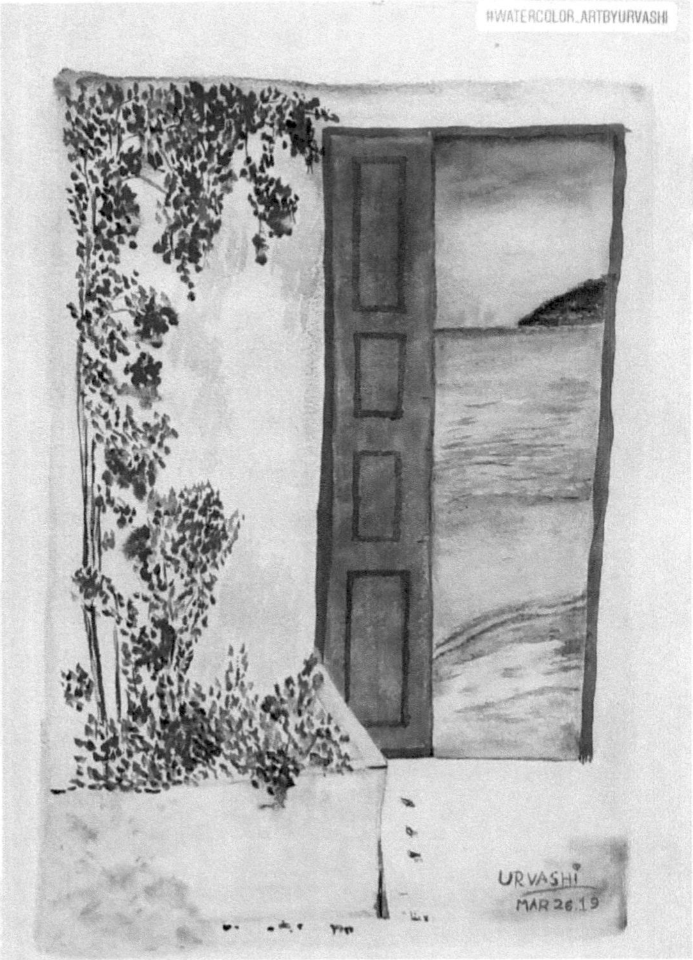

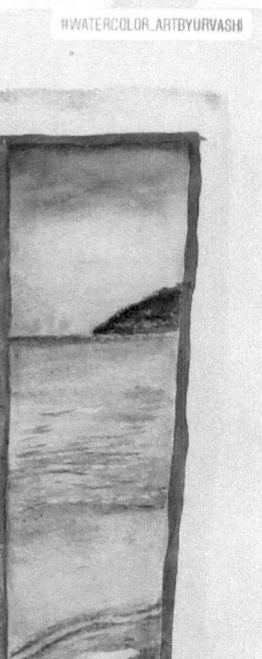

तेरा आँगन

मेरे घर का ये दरवाजा
जो खुलता था कभी
तेरे आँगन की ओर
ये मालती की झूलती बेल
इस वीराँ पड़े कोने में
ख़ुद की महक से सराबोर
दिन महीने गुज़र रहे
अब तो हर आहट भी
मुझे लगती है फ़कत शोर
बेरहम हुआ वक्त
मुझसे रूठ जाने की
अदा भी चुरा ले गया
पर टूटी नहीं अभी भी
मेरी आशा की डोर ॥

कुदरत का एक करिश्मा

कुदरत का एक करिश्मा कहूँ
ग़र जान लूँ
कुदरत के इस बेपनाह
हुस्न पर क्या कहूँ
श्रृंगार कहूँ
साज कहूँ
सुर कहूँ
या ताल कहूँ
रूबाई कह दूँ या
ग़ज़ल कह दूँ
तुम रूठी भी नहीं
वर्ना महबूबा कह दूँ
चलो जाने भी दो ये बातें
अब लफ़्ज ही नहीं मेरे पास
हाले बयाँ कैसे कहूँ
हां सिर्फ
कुदरत का एक करिश्मा कहूँ ।।

ऐ चाँद

ऐ चाँद हौले से चलो
थोड़ी मैं भी
मद्धम चल रही
दास्ताँ कोई मैं
लिख रही ॥

मोहब्बत

न ठीक मुझे अब लिखना लगे
इस दिल के अफ़साने
मैंने तो मोहब्बत
कब से छोड़ दी ॥

मेरा आसमान

ये मेरा 4'4 का आसमां
कभी लगता है सिमट गई
यहां दुनिया ये मेरी
पर ऐसा है नहीं
सुबह की किरण आई !
कहीं दूर क्षितिज पे
हल्की लाली घिर गई
मुझे आवाज़ आई
चल फिर ताना बाना बुन ले
शाम घिरने लगी तो
झटपट चाय की प्याली बनाई
और इंतज़ार करने लगी

उन नन्हें तारों का
जिनसे मैंने दोस्ती बनाई
ये नीला आसमां अब
गवाह बन गया मेरा
मेरे हर वक्त का साथी बन गया
ऊपर उड़ते पंछी
बारिश की ढेरों बूंदें
मस्त मौला से झूमते ये पेड़
कितना कुछ सिपटा है
मेरे इस 4'4' के आसमां में ।।

पकड़ो मेरा हाथ एक बार फिर से

चलो एक बार नए सिरे से लिखें कहानी
फिर से
खुले सिरे इस डोर के बाँध लूँ
फिर से
कुछ फीके पड़ गये रँग भर लूँ
फिर से
कुछ अधूरे रह गए ख़्वाब पूरे कर लूँ
फिर से
कुछ बीच डगर में छूटी मंज़िलों को पार कर लूँ
फिर से
ये साँसें जो अब तक धीमी चल रही थी ज़रा तेज़ कर लूँ
फिर से
अब आओ पकड़ो मेरा हाथ एक बार
फिर से ॥

इंतज़ार

तुमने आसमान की रजाई ओढ़ ली
मैं कंबल लिए खड़ी रही
चांद को तकिया बना लिया तुमने
तुम्हारे कन्धों का सहारा ताकती रही
मौसम बदल रहे हर बरस
आज भी फ़िर से
एक नज़र देखने को तरसती रही ॥

फागुन

कई फागुन आये
कुछ हरे गुलाबी लाल,
कुछ गहरे कुछ
फीके रंग,
कुछ आज भी
खरींचे बन चेहरे पर
निशान छोड़ गए
पर ख़ुसरों डाले
प्रेम रंग
जो हर पल गहरा होय ॥

URVASHI

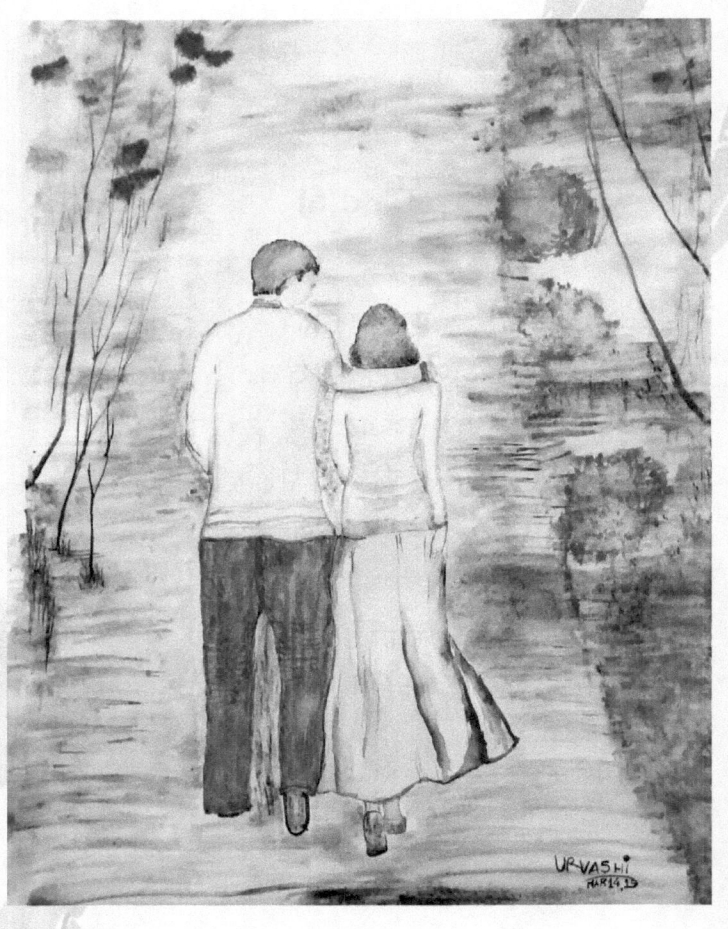

बैठो मेरे पास

आओ बैठो मेरे पास दो पल
हे प्रिय
दो प्राण फूँक दो मुझमें
जी लूँ मैं भी आने वाला कल
अब मुझमें रहा नहीं
वो पहले सा तेज, फिर भी
इस रोज़-रोज़ की गहमागहमी में
मन में उठते भावों को
रखती हूँ सहेज ॥

प्रतिबिंब...

ज़िंदगी

ज़िन्दगी-
क्यूँ ये एक लफ़्ज मुझे
बार-बार लिखने पर मजबूर किया करता है।
जब भी कभी बेख़याली में ही सही
लिखने को दिल चाहा,
यही आकर मेरे ज़हन में उतर जाता है
फूल, पत्ते, बादल, गगन, बरखा
सभी तो प्रिय हैं मुझे
फिर क्यूँ मैं इस एक शब्द से इतनी बँध गई हूँ।
कभी सोचती हूँ तो लगता है
जीवन के इस दौर ने
जो कभी मखमली, कभी सुनहरा और
ज्यादातर दुःखों और कांटों से भरा गुजरा
यही वजह है कि इस शब्द ने मुझे कस कर जकड़ा है।

ज़िंदगी से मुलाकात

हर रोज़ ज़िन्दगी से मुलाकात होती है
हर रोज ही हम बिछुड़ जाते हैं
अब ख्वाबों के दरमियाँ
ढूंढती हूँ ज़िन्दगी को

ज़िंदगी बहती रही

ज़िन्दगी तो पलकों में भरी थी
कब बहने लगी, हाँ बस बहने लगी
बहती रही और बहती जा रही
कितने रुख पे रुख बदलती जा रही
मैं इसे देखा करती हूँ
और समझ नहीं रखती हूँ कि
बहते हुए किस ओर जा रही
अब लगने लगा
इसका तो कोई ओर है
ना ही कोई ठौर है

ऐ ज़िंदगी बोल तू

अब सिखाना बन्द भी कर- ऐ ज़िन्दगी
हर बार तुझे गले से लगाया मैंने- ऐ ज़िन्दगी
जीना चाहती हूँ अब मैं भी- ऐ ज़िन्दगी
दिन महीने साल बीत गए- ऐ ज़िन्दगी
तूने गिराया उठाया फिर गिराया फिर उठाया
बार-बार ये दोहराया ये सच है ना- ज़िन्दगी
इतना लम्बा सफ़र मेरा ये तूने कराया- ऐ ज़िन्दगी
लगता है अभी भी कोई कमी रही मुझमें
क्यूँ बोल ना- ऐ ज़िन्दगी
तभी तो न मैं हार मानती हूँ
और न तू थकती है- ऐ ज़िन्दगी
चलो देखें कब तक दोगी साथ मेरा- ऐ ज़िन्दगी
मैं भी इक दिन जीना तुझसे सीख लूँगी- ऐ ज़िन्दगी ॥

ज़िंदगी - ठहर ज़रा

मैंने इस ज़िन्दगी को
फिसलते देखा है अपने हाथों से
बार-बार और कई बार
फिसलते देखा है
वो फिर मेरे दरवाज़े पर
एक और दस्तक देने आ गयी
मैंने पूछा उससे, "इस बार थोड़ा ठहरोगी क्या ?"
वो हँसते-हँसते बोली, "मैं तो रुकना चाहती हूँ
पर तुम फिर अपनी राह बदल लेती हो,"
मुझे ज़ोर से हँसी आ गई
और बचपन में कही
एक पंडित की बात याद आ गयी
दाएं पैर के अंगूठे में तिल है ॥

हैरत-ए-ज़िंदगी

हर घड़ी यही सोच कर
मैं खड़ी होती हूँ
अब सफ़र आसान हो शायद
हौले से मुस्कुराती हूँ
ख़ुद को ख़ुद से जोड़ती हूँ
फिर ख़ुद को ही चुनौती देती हूँ
एक हुंकार लगाती हूँ
निकल कर आ
अब कहीं दूर दयारों से
मुझे कोई मलाल नही इस पल
हाँ मैंने मान लिया
बस जान लिया
तू है हैरते ज़िन्दगी ॥

ऐ चाँद ठहर जा

ऐ चांद आज की रात
यहीं ठहर जा
लौट कर जाने की
बात न करना ॥

ज़िंदगी - मोहब्बत

ऐ ज़िन्दगी मैंने तो मोहब्बत
तेरा नाम रखा था
तू कब दग़ा देकर चली गई
और मैं ठगी सी खड़ी रही ॥

सूरज तुम थकते नहीं

एक शून्य भरता जा रहा
भीतर मेरे
कभी हलचल से भरा
हृदय मेरा
कभी सन्नाटा कहीं
खोज रहा
शून्य बन अब
शून्यता में जा मिलूँ
दूर तक फैले गगन
के छोर ऊपर ढल रहे
आग के गोले से पूछूँ
रोज़ जाकर आते हो फ़िर
क्या तुम कभी
थकते नहीं ॥

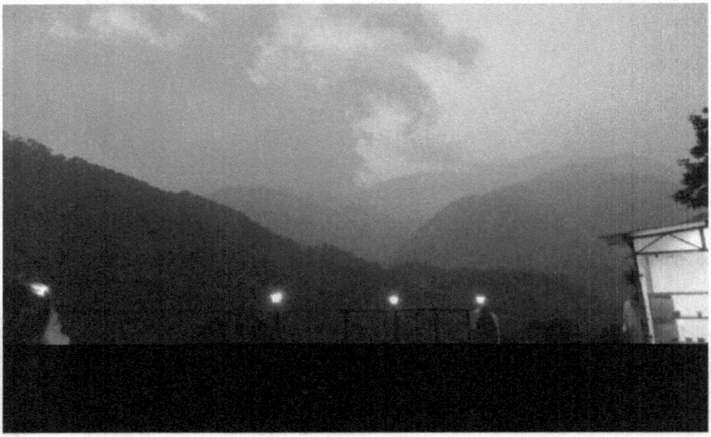

नज़र का धोखा

ये नज़र-नज़र का धोखा है
गैरों का खूब देखा है
किसे कहूँ अपना
अपना तो सपना भी
होता एक धोखा है ।।

नंगे पाँव

चलो फिर से
दौड़ चले नंगे पाँव
ज़िंदगी की तपती ज़मीन पर
उम्र भर के छालों को सुखा लें
अभी भी कहीं पेड़ों की छाँव बाक़ि हैं ॥

हरे रंग का गेट

मंज़र बदलते जाते हैं
और मैं !
चुपचाप खड़ी देखा करती हूँ
एक आहट होती है
और मैं !
सुना करती हूँ
एक दस्तक होती है
और मैं !
चौंक जाती हूँ
हवा का एक नर्म झोंका
भीनी ख़ुशबू लाता है
और मैं !
झूम जाती हूँ
कई अनजान चेहरे
आते हैं इस छोटे से
मेरे हरे गेट से होकर
और मैं !
कभी ख़ास बन जाती हूँ ॥

गफलत में हूँ

बहुत हुई मेरी तेरी मेरी
बन्द कर इस दिल का धड़कना
न रहें कोई जज़्बात कहीं
फिर न पड़े मुझे यूं सिसकना
रगों में बहता था जो खूं
अब वो गर्मजोशी कहाँ
थोड़ा फीका हो चला
रँगों का खुमार मेरा
तौफीक दबी जाती है
गफलत में हूँ ज़रा
पर मौला तू आज भी मेरा
दामन ना छोड़ना ॥

दर्द के संग जीना

कैसी फुर्ती भर गयी है आज
लगता है दर्द कुछ कम होने लगा
सच है ये भी लग रहा
इसे सहने की और
इसके सँग जीने की
आदत ही डाल ली मैंने ॥

रिश्तों का मायाजाल

ये कैसा माया जाल है
ग़र रिश्ते ना होते
तो जज़्बात ना होते
हम और तुम ना होते
ये सपने ना होते
कोई कहानियाँ ना होती
कोई किस्से ना होते
ना ही कोई यादें होतीं
जो कभी दिल न दुखाती
ये कैसा माया जाल है
सिर्फ़ मेरा भ्रम है या
सच में छलावा है॥

नापतौल

सच ही तो है
किसी से कितनी मोहब्बत
कोई नाप तोल नहीं
है तो है वर्ना
सब अजनबी ॥

सुनसान सड़क

निकल पड़ती हूं मैं रोज़
इस अजब सी सुनसान
सड़क के इस किनारे की ओर
दूर बहुत दूर तक फैली है ये
सड़क और भी भयावह स्याह सुनसान
पर मैं तो इस सब से अनजान
बढ़ती जाती हूं इस वीरान सड़क पर
जो बसी है पेड़ों के झुरमुटों में
दोनों ओर से घिरी है
इस मेंढक जैसी छोटी कॉटिज से
दूर तक बिछा घास का ये हरा कालीन
मदमस्त झूलते पेड़ों से झड़ती
ये पीली हरी पत्तियाँ
इस हरे कालीन को सजा रही
एक दूजे के पीछे
फुदकती ये गिलहरियां

इसे और भी सजा रही हैं
अभी सूरज निकलने ही वाला है

इस हरे कालीन पर
हल्का सुनहरा बिछाने वाला है

अब दूर हुई वो भयावह
वीरान सुनसान सड़क
अभी मेरा स्वप्न मुझे रानियों सा
इस हरे सुनहरे रंग से सजे
कालीन पर चलाने वाला है ॥

खिड़कियाँ

खिड़कियां कितना सुकून देती हैं
घरों की, अपनी हो या पड़ोस की
रेल की या जहाज़ की
हम अक्सर पूछ लेते हैं
Window seat है क्या?

पूरे सफ़र का दारोमदार
आकर अटक गया इस
इस छोटी सी प्यारी खिड़की पर।

कितनी ही जिज्ञासा
मन में घर कर जाती है
रोज़ एक नई कहानी जन्म लेती है
उस चाय की प्याली के संग
एक-एक चुस्की भरती जाती है
नई सोच, नई राह, नई चाह
नया सुर, नया गीत, नई तरकीब
आम आदमी की सोच को
लेखक में बदल देती है॥

ना तुमसे जुदा

वो रहा दूर मस्त गगन
और ये मैं झूमती सुबह की
इस मीठी सी धूप में
ना मैं तुमसे जुदा
ना ही तुम मुझसे अलग ॥

अँधेरे का सुकून

इन अंधेरों में एक अजब सा
सुकून होता है
इनके शब्द सुनाई भी देते हैं
और हुबहू दिखाई भी देते हैं
ग़र सुनने वाला हो कोई।।

तेरा खयाल

शाम ढ़लने लगी तो
तेरे कदमों की आहट हुई
या फिर तेरा ख़याल आया
तेरे ख़याल के ख़याल में डूबी
तो ज़हन में तू ही उतर आया ।।

ज़िंदगी से एक और मुलाकात

सुनो, आज तुम्हें,
अपनी सबसे बुरी आदत से वाक़िफ कराती हूँ
और वो है
कभी भी हार ना मान लूँ
कल फिर से ज़िन्दगी ने
मेरे दरवाजे पर दस्तक दी
मैंने पूछा !
अब क्या लेने आई हो ?
कुछ नहीं बचा अब मेरे पास
वो बोली- तुम झूठ बोलती हो
मैंने बड़ी बेरूख़ी से देखा उसकी ओर
ये मेरा सवाल था उसके लिए
वो बोली- एक मुस्कुराहट
अभी बाक़ि है तेरे पास ॥

खिड़की के कोने पर

अपनी आंखें बंद कर लो
और खिड़की के कोने पर
आ जाओ
ये हवा हौले से कानों में कुछ
बुदबुदा रही
ये पत्तों के हिलने की आवाज़
ज़ोर से बह रही
आजकल वाली मानसूनी हवा
देखो तो ! कैसे
काले रंग वाले बादल
सफ़ेद बादलों को
ज़ोर से धक्का दे
दौड़ा रहे हैं
और मुझे डरा रहे हैं
एक बार तुम भी
आसमाँ की ओर देखो ना
कुछ महसूस करो ना ॥

बिखरी मेरी कहानी

बार-बार ढूँढा ख़ुद को
कभी फूल में
कभी रंग में
कभी गीत में, संगीत में
फुहार में, बहार में
कभी कैनवास पर, कभी आईने में
कभी दर्द में
कभी गर्त में
क्यूँ इतनी बिखरी है कहानी मेरी
इसका इस ओर तो है
पर कोई छोर नहीं
क्यूँ बार-बार टूटा है ये दर्पण
ख़ुद भी टूटी हूँ इस क़दर बार-बार
अब उठने का हौसला नहीं
फिर देखती हूँ उन बूँदों को,
समा जाती है इस मिट्टी में,
फिर से बदरा आए तो
दोबारा झड़ी लगाने को बेक़रार ॥

ये मौसम

ये मौसम
हर रोज कोई न कोई गुफ़्तगू
छेड़ ही जाता है
लाख चाहो
जज़्बात पे काबू
मग़र ये अपने रँग में
रँग ही देता है ॥

बहार फिर से आए

परिंदे सब चले गये घर को
मैं ताकती हूँ उन राहों को
सदा कोई फिर से आये
गीत कोई फिर गुनगुनाये
बहार फिर छाए ।।

रात सरक रही

ये सूरज ढल रहा
या धीमे कदमों से रात
इस ओर सरक रही
रात के आग़ोश से दूर
मैं भी बेख़याली में
उस ओर खिचती जा रही ॥

सपने बड़े-बड़े

सपने बड़े-बड़े आँखों में
उड़ान उनसे भी ज्यादा ऊँची
और हौसले कभी ना
थकने वाले
फ़िर रोके भला कौन ॥

बादलों के पार

दिल कह रहा
कोई भीनी ख़ुशबू लिये
हवा का एक झोंका आये
एक ऊँची सी पेंग भर
इन बादलों के उस पार कहीं
दूर ले जाये।।

गुफ़्तगू

गुफ़्तगू हो दो पल
नज़दीक वाली कुर्सी से
ठंडी बयार का झोंका
आए तो सही
एक बार फिर से ॥

ये दिल

ये दिल
या ख़ुदाया कैसी चीज़ बनाई है, ये दिल
गुले गुलज़ार होता है कभी, ये दिल
ज़ार-ज़ार रोता है कभी, ये दिल
लफ्ज़ों से भरा होता है कभी, ये दिल
दो लफ्ज़ भी नहीं लिख पाता कभी, ये दिल
मुश्किलों से जूझ रहा कभी, ये दिल
कोई शाम सुहानी ढूँढ रहा, ये दिल
मंज़र हर रोज़ बदलते देख रहा, ये दिल
सुकूँ भरे पल तलाश रहा, ये दिल
मुझे तो इल्म भी नहीं था जीने का कभी,
ऐ दिल
पर तूने ही तो सब्ज़ बाग दिखाए, ऐ दिल
जीतें हैं कैसे तूने ही बताया, ऐ दिल
भरे जज़्बात तो गहरा हुआ रँग तेरा, ऐ दिल
ना बनी बात तो पानी सा फीका हो गया तू
ऐ दिल ॥

दो बातें दिल की

बादल बनूँ
या फ़िर ओस का एक क़तरा बनूँ
हिस्सा बनूँ उस सर्द हवा का.
जिसने रुख़ बदल लिया.
एक नये मौजू का
धूप का एक टुकड़ा बनूँ.
जो ठिठुरन में पिघला दे
थोड़ी सी सर्द हवा।।
या मैं यादों का वही पुराना
कोना पकड़ बैठी रहूँ.
खिडक़ी के इन पल्लों के पीछे
हाथों में कलम लिये
इन सफ़ेद काग़ज़ों पर
काली सफ़ेद लकीरें डालूँ
ताने-बाने बुनती रहूँ
रँग आँखों से छलकाऊं
ज़रिया है ये जो कहूँ
दो बातें दिल की
दिल के साथ॥

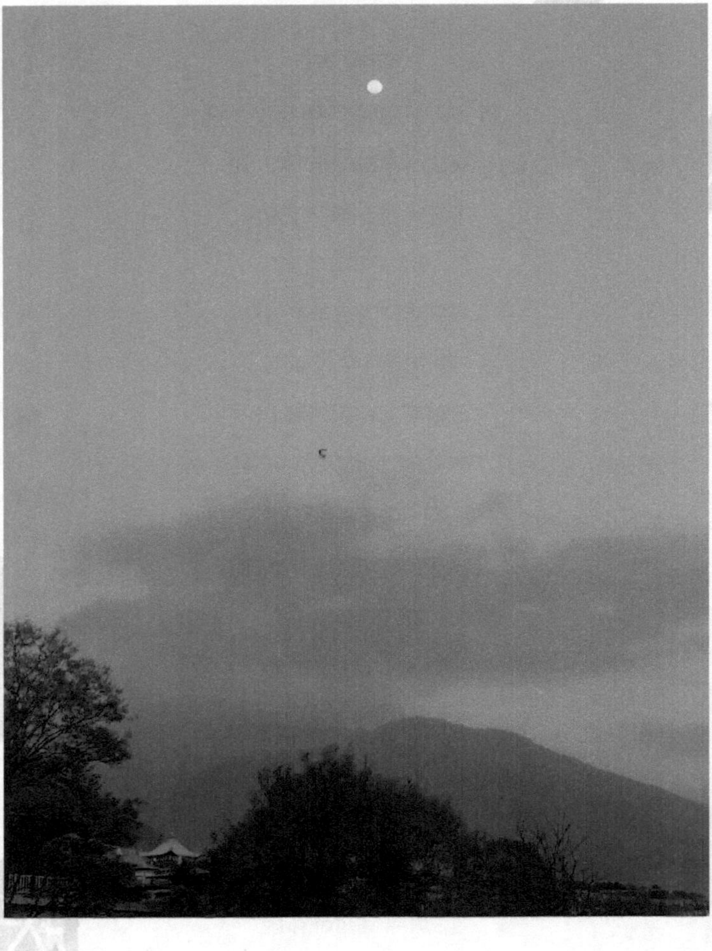

दो दिवाने

कभी चांद आता था
दरवाज़े पर मेरे दस्तक देने।
और मैं कहा करती थी
तुम क्यूं रोज़ ही चले आते हो
मुझसे किया एक वादा निभाने
और कल रात वो कहने लगा
मैं तो आता हूं बस सूरज को जलाने
लो देखो आज क्या हुआ
सूरज खड़ा है मेरी चौखट पर
वो भी लगा चांद को जलाने
और मैं सोचती थी एक नहीं
ये दोनों हैं मेरे दीवाने॥

कुछ मैंने छोड़ दिया

क्या हुआ जो बीते सालों में
बदलते मौसमों में
बहुत कुछ छूट गया मुझसे
बहुत कुछ मैंने छोड़ दिया
मुझे अब चीज़ों का
बातों का, लोगों का,
लोगों से मिलने का
उनकी बातें सुनने का,
अपने किस्से-कहानियां सुनाने का
नहीं कोई शौक़ रहा ॥

ताका-झाँकी

आज की शाम
मेरी पैनी निगाहों ने
फिर से पकड़ लिया तुम्हें
दूसरे के घरों में
तांका-झांकी करते ॥

मेरी डायरी के पन्ने

मेरी डायरी के ये पन्ने
दौर कोई भी हो
मेरी डायरी के ये पन्ने
मुझसे अलग नही होते।
जब भी बेख़याली में
आकर टटोल लूं इन्हें
दुनियां कैसी भी
बेरंग हो जाए
इश्क सच्चा है मुझसे इन्हें।
एक आवाज़ दे बुलाती है
और कलम मेरे हाथों में
थमाती है ये मेरी डायरी ॥

इश्क़ बेवजह

इश्क तुझसे करने की
कोई वजह तो न थी
दामन में मुहब्बत
कुछ ज़्यादा भर गई ॥

बादल

एक अजीब सा सम्मोहन है
ऐ बादल तुझमें
मन चंचल हो तो तुझ संग
हिलोरें भरने लगता है
ऐसा लगता है मानों इन बादलों पे
सवार हो एक लम्बी डगर पे
निकल चली, या यूँ कहूँ के उड़ने लगी
ग़र दिल उदास हो गया हो
तुम भी कैसे काले हो जाते हो
कैसे डराने लगते हो
दिल रह-रह कर काँपने लगता है

ना जाने कभी कैसे रूप भरते हो कि
गहरी पीड़ा से दुःख के समंदर में
डुबोते चले जाते हो
कभी-कभी तो तुम रूई के फाहे की तरह
उड़ने लगते हो
मैं भी छोटे बच्चे सी बेचैनी में
दौड़ कर तुम्हें पकड़ना चाहती हूँ
बहुत बड़े बहरूपिये हो तुम
जितना भी तुम्हें समझने की
कोशिश करती हूँ तुम फिर एक
नया रूप दिखाते हो ॥

बारिश की बूँदें

बारिश की बूंदें
रिमझिम बरखा बरस रही
फिज़ाओं में ठंडक भर रही
बारिश की बूंदों की टप टप
आवाज़ें मधुर तान छेड़ रही
पर क्यूं मैं अन्दर ही अन्दर
एक अजीब सी पीड़ा में गल रही ॥

छोटी-छोटी चीजें

छोटी-छोटी चीजें
ज़रा झाँक कर तो देखो
अपने आस पास भी
कहीं दूर ना जाना होगा
सब कुछ तो है।
अरे, एक नज़र देखो तो सही
छोटी-छोटी चीजें ही सही
सहज लो अपने भीतर
इनसे बड़ा सुकून मिलता है
ना सही नायाब तोहफे व पकवान
मुझे तो दाल रोटी में भी
मज़ा आता है॥

मैं निशब्द खड़ी हूँ

और मैं निशब्द खड़ी हूं
ये रात हौले-हौले सरक रही
बरसात है कि लगाए बैठी है
एक अनथक झड़ी।
मेरे कमरे की कांच की दीवारें
मुझे बड़ी बेरहम लग रही
उस पर गिरी नन्हीं बूंदें बरखा की
जुगनुओं सी टिमटिमा रही
और मैं निशब्द खडी हूं
छन-छन गिरती इन बूंदों का शोर
हर घड़ी बढ़ता ही जा रहा
एक लम्बा सा विरानापन
मेरी इस चारदीवारी मैं पसर रहा
और मैं निशब्द खड़ी हूं

उस बांई ओर की खिड़की को
खोलने से थोड़ा कतराती हूं
सामने खुली नालियां और
सड़क से बहता कीचड़ भरा पानी
हर ओर दुर्गन्ध फैला रहा
और मैं निशब्द खड़ी हूं
कुछ राहत पा लेती हूं
जब AC का बटन दबा देती हूं
वर्ना तो हर पल इस नमी भरी
गरम हवा से दम घुट रहा
और मैं निशब्द खड़ी हूं।।

दोस्ती

न कर मुझसे दिल्लगी
बार बार तू ऐ दोस्त,
मैं तो तेरी जुस्तजू
तेरी खुशी, तेरी हंसी
चाहती हूं
मेरी आंखें तुझे
शिकस्त खाते
नहीं देख सकती ॥

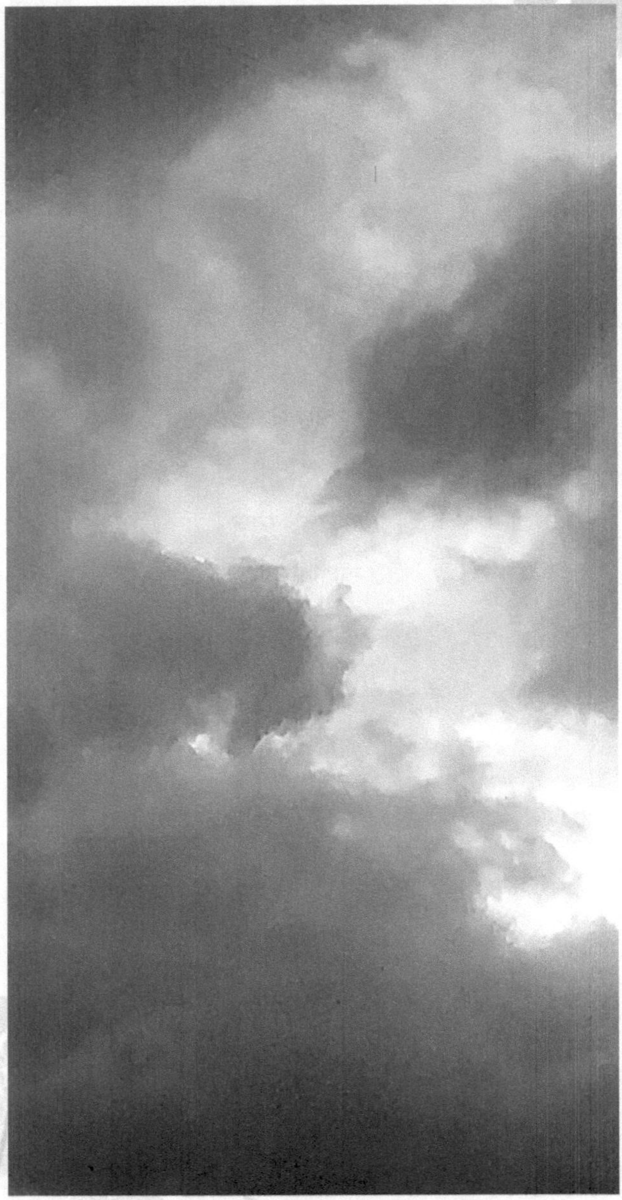

पुराने ज़ख्म

बीते कुछ लम्हे
गुज़रा वक्त
कभी ना भरते जख्म
चाहो तो भी
या ना चाहो
रगों में घुस कचोटते हैं
लाख कोशिश कर
छुड़ा लिया दामन
जाते फिर भी नही
बस साथ ख़ूब निभाते हैं॥

URVASHI USHA

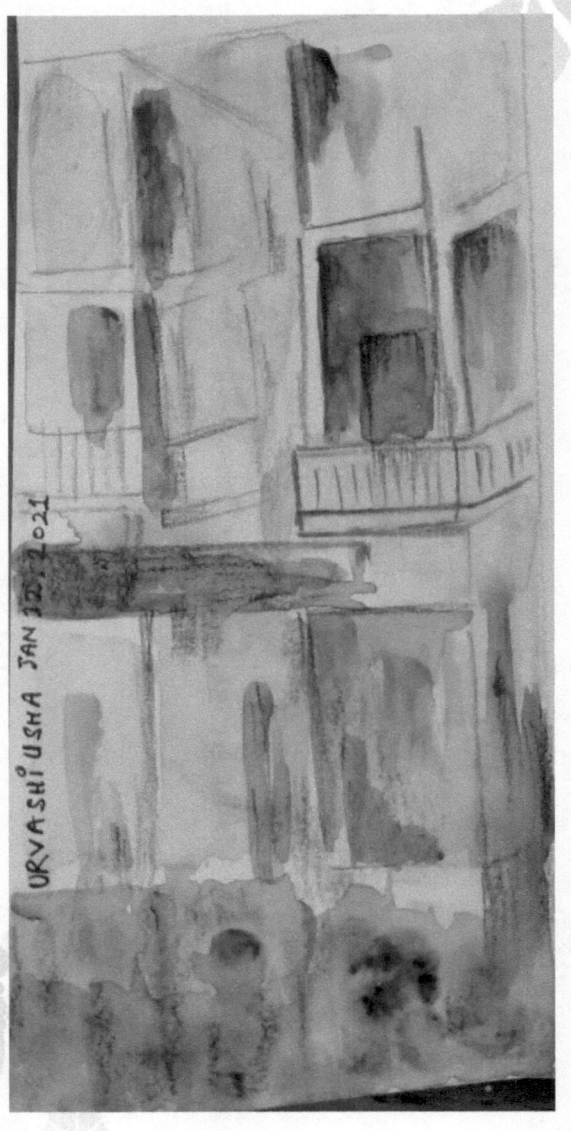

बेजान इमारतें

ये मेरे चारों ओर
बेजान सी दिखने लगी इमारतें
ख़ुद में समेटे हैं तन्हा ज़िन्दगी
बहुत सी अनकही दस्ताने
दिल कह रहा उनकी सोच कर
डायरी के सफे कुछ
भर डालूं उनकी ज़ुबानी ॥

अकेलापन

महसूस हुआ अकेले हैं
पर किसने कहा
आए तो अकेले ही थे
घर और बाहर
बचपन जवानी बुढापे तक
सब मिलकर!
जुदा हुए
ज़रा गौर तो करो
ये हवाएं फूल पत्ते तितली
बारिश बादल आसमान
ये धरती ब्रम्हांड
सभी घेरे है मुझे चहुँ ओर से
यक़ीं है मुझे कभी न
छोड़ेंगे साथ मेरा
तो फिर मातम कैसा
अकेले होने का ।।

घबराहट

तेरे जाने से घबरा जाती हूँ
तेरे न आने पे घबराती हूँ
जाने अनजाने जाने क्यूँ
हर घड़ी घबराती हूँ॥

डर

मेरा डर दिनों दिन बढ़ता गया
जब भी कुछ मुख़्तलिफ हुआ
दिल ने पहचाना और सराहा भी
पर फिर सब बिखर गया ॥

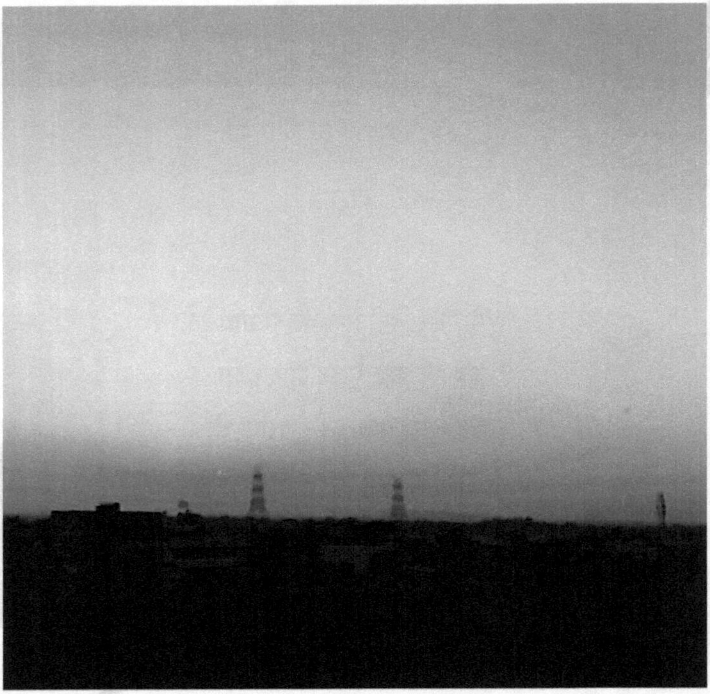

वो कल फिर आयेगा

मैं ढलते सूरज को देखती हूं।
झट से mobile उठा लेती हूं।
वो मंत्र मुग्ध कर देने वाला दृश्य
हमेशा के लिए कैद कर लेना चाहती हूं।
मैं ही नहीं सभी मंत्रमुग्ध हो जाते हैं।
सब इस पल को पसंद करते हैं।
मैं इसे पकड़ना चाहती हूं।
पर यह तो धीरे-धीरे गायब हो जाता है।
और मुझे पीछे अकेला उदास छोड़ देता है।
मैं एक अहसास में डूब जाती हूं।
फिर यह याद करके मुस्कुराती हूं
कि वो कल फिर से आएगा ॥

ख़ामोश नम आँखें

अजब सी ख़ामोश नम आँखे
आकर ठहर गयी जैसे
नमीं किनारों पर
सवाल भी थे बेशुमार
मग़र डरती हूँ सवालों पर
ग़र रह पाऊँ ख़ामोश
तो शायद ले पाऊँ चंद साँसें ॥

रात

ये गुनगुनाती रात
हौले से सरक रही मेरी ओर
मग़र मैं तो जाने कब से
ख़्वाबों के परों को पहन
उड़ रही इस स्याह
आसमानों में ॥

अजगर जैसी सड़क

मेरी खिड़की का दृश्य
पहरों मैं खिड़की में बैठ
इन ऊंची इमारतों को ताकती हूं
उस पर ये वीरान,काली और भद्दी
मज़दूरों के रहमों करम से
कुछ बनी, कुछ ना बनी सड़क
हर घड़ी मुझे डराती है।

ये बेखौफ पड़े अजगर की मानिंद हिलती नहीं।
सुबह की ठंडी हवा अक्सर ही
कुछ बाशिदों को
मुंडेर पर बिठा जाती है।

वो सभी थके हारे उदास
लौट कर वो भी चले गए
बस रुकते ही नहीं।

कभी जी करता है बटोर लूं सारे
कंकड़ पत्थर दोनों ओर से

सुन्दर फूलों की झाड़ी लगा
सजा दूं हर ओर से इसे।

सड़क का रूप अब कुछ
बदल डाला इस बरसात ने
सड़क भी अब चलती है
और नाले साथ में।

धीमी गति से लोग निकले
लिए रंगीन छतरी हाथ में।
और मैं झांकती रहती हूं
इन इमारतों की खिड़कियों में।

न कोई परिचित होता है
ना ही कोई और
बिना वजह झांकते रहने का
ये जतन हर रोज़ होता है।।

मौसम के बदलाव

इस बार बादलों की गरज
मैंने नहीं सुनी
हर साल बरसात लाने का उनका पैग़ाम
मैंने नहीं सुना
अजब डरावनी गर्जन की आवाज़ें
इतने पास से बादलों में बिजली का चमकना
मैंने अब तक नही देखा

अब सब बदलता जा रहा
इस बार मई जून की
वो जला देने वाली दोपहर
सांय-सांय कर चलती लू को
इस बार मैंने नहीं झेला

अभी कुछ पल पहले
सूरज सिर पर चढ़ा था
देखते ही देखते सब बदल गया
हर ओर का नज़ारा बारिश की
बूंदों से भर गया ॥

कविता के रंग

ग़र भर सकूँ
उन लम्हों को दोबारा
अपनी मुट्ठी में
तो रोक लेती
हवाओं के रुख़ को
भर देती रंग सारे
सजा लेती आज लिखी
इस कविता को ॥

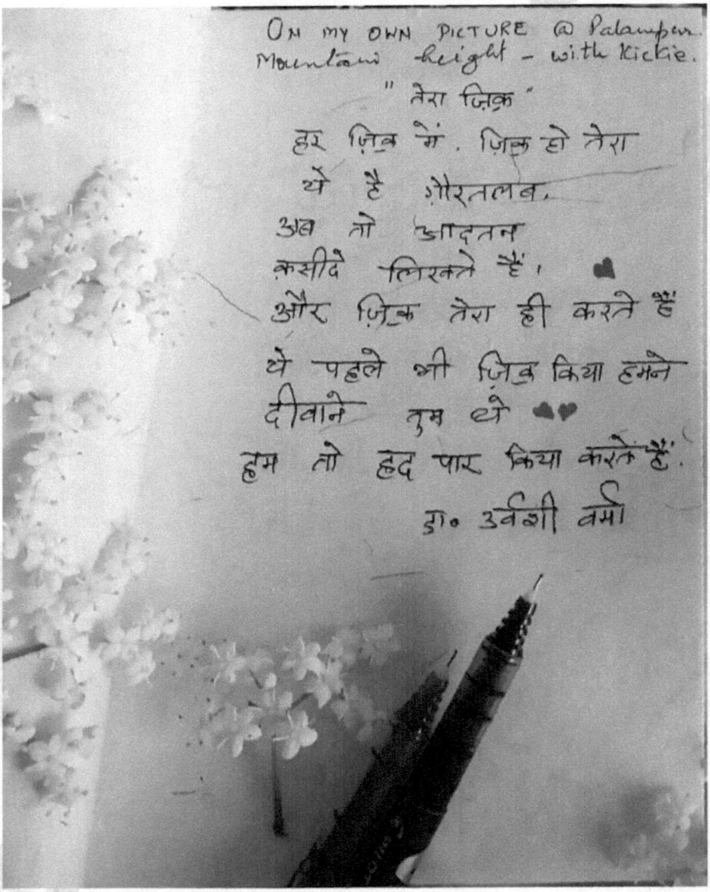

ON MY OWN PICTURE @ Palampur
Mountain height - with Kickie.
" तेरा ज़िक्र "
हर ज़िक्र में, ज़िक्र हो तेरा
ये है गौरतलब,
अब तो आदतन
क़सीदे लिखते हैं।
और ज़िक्र तेरा ही करते हैं
ये पहले भी ज़िक्र किया हमने
दीवाने तुम थे
हम तो हद पार किया करते हैं.
डा॰ उर्वशी वर्मा

तेरा ज़िक्र

हर ज़िक्र में ज़िक्र हो तेरा
ये है ग़ौरतलब,
अब तो आदतन
कसीदे लिखते हैं
और ज़िक्र तेरा ही करते हैं
ये पहले भी ज़िक्र किया हमने
दीवाने तुम थे
हम तो हद पार किया करते हैं ॥

एक याद

एक और याद रुबरु हो गई
इस आँगन से
धीमे क़दमों से उतर आई
फ़िर से
मेरा ज़हन इसका
कूचा बन गया
क्यूँ मुँह उठाए
चली आती है हर रोज़... ॥

महकती शामें

ये दरो दीवार, ये फ़िज़ाएं
सुनहरी शामें सभी थम गया
या ख़ुदाया निजात दे
इस क़हर से...
फ़िर से गुनगुनाती सुबहो
वही महकती शामें ला दे
और मैं सुनती रहूँ
तू हुसना मेरी...
ये गीत तेरा... ।।

बादलों के पार

आ चलें, बादलों के
उस पार कहीं
जहाँ तुम, मैं,
और हो संगीत
सुर नए हों पर
गीत पुराना दोहराएं ।।

कसाई

इंतज़ार था बहार का
नन्हीं सी कोंपल
भीनी खुशबू से भरे
ज़र्द फूलों का,
आह ! आज भी
दर्द ज़िंदा है उसका,
एक सुबहो,
वो कसाई आया,
काट कर चला आया ॥

शान्त सूरज

आज तुम्हें देख
बड़ा सुकूं मिला मुझे
आज तुम आग उगलते नहीं लगे
कितने शांत, प्रेम से भरे लगे
बस में होता अगर मेरे
रोक लेती तुम्हें सदा के लिए।।

ME

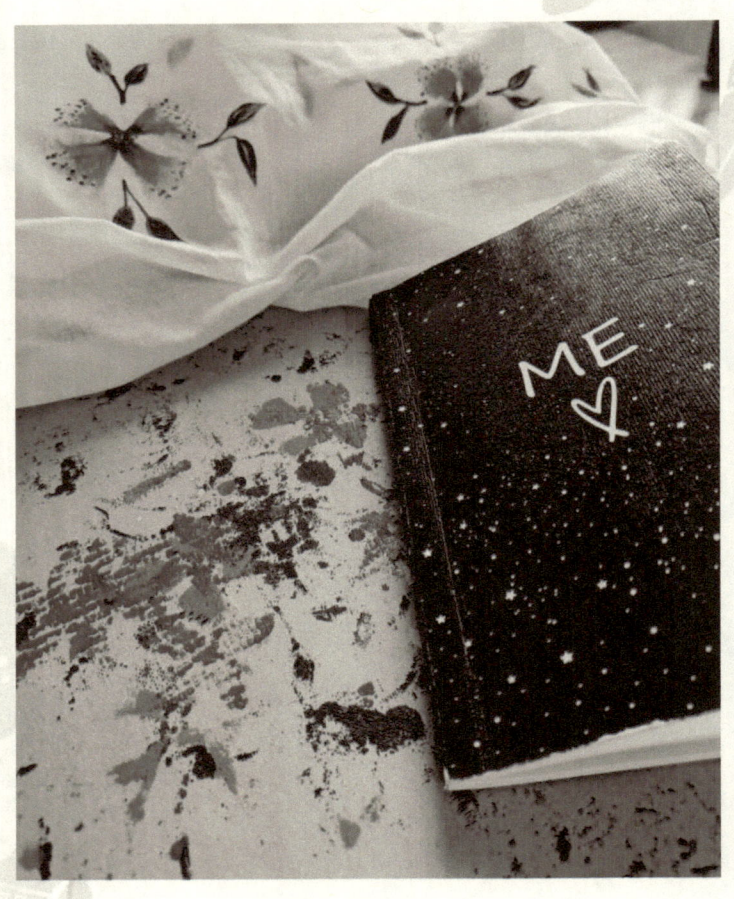

ख़ुदगर्ज़ दिल

दिल कितना खुदगर्ज़
हो जाता है कभी
सिर्फ अपनी ही
सुनना चाहता है
और मुझसे ज्यादा
समझ भी कौन सका इसे
कोई जान भी कैसे सकता है
कभी कहती जो नहीं किसी से
कहना मुनासिब लगता नहीं
जो मैं चाहती हूँ
वो सिर्फ मैं ही समझती हूँ
तो हमेशा इसी से
बातें किया करती हूँ
उसी से पूछती हूँ
उसे ही सब सुनाती हूँ।।

Differently Together
Urvashi
August 20th, 2023
1. 35 PM.

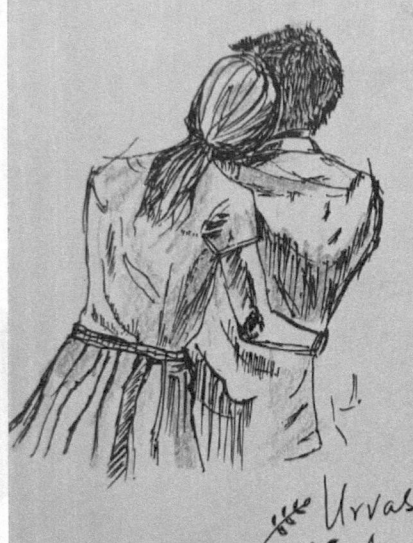

बीते पल

कहीं कोई मुश्किल
न बढ़े फिर से
सो सब छोड़ दिया मैंने
कुछ सताये, जो फिर याद आए
न बढ़ाऊँ मुश्किल
सो अश्क आँखों में, छुपा लिया मैंने
काश तेरा साथ होता अब भी
आज भी ज़िंदा हैं वो पल
जो साथ गुज़ारे मैंने
मीठी चापलूसी से भरी बातें
नज़र न हटाना, करना सिर्फ बातें
कैसे रहूँ होश में अब
जबकि बेहोश बना लिया
खुद को मैंने ॥

www.ingramcontent.com/pod-product-compliance
Lightning Source LLC
LaVergne TN
LVHW041713070526
838199LV00045B/1321
* 9 7 8 9 3 5 8 1 9 2 5 6 8 *